# JOHANN SEBASTIAN BACH

# ORGELWERKE

## BAND VI

Herausgegeben von

Friedrich Conrad Griepenkerl und Ferdinand Roitzsch

Neu durchgesehen von

Hermann Keller



EDITION PETERS

LEIPZIG · LONDON · NEW YORK

# Vorrede zur ersten Auflage

Zu den geistreichsten Tonschöpfungen J. S. Bachs gehören ohne Zweifel die Choralbearbeitungen, welche wir für die dritte Abteilung „größere und kunstreichere Choralvorspiele" aufsparten, wenngleich der Ausdruck „größere", sofern man ihn nur von der Anzahl der Takte verstehen wollte, zuweilen nicht passen möchte. Ihre Anzahl war zu bedeutend, als daß sie alle in einem einzigen Bande von der gewöhnlichen und bequemen Stärke hätten Raum finden können; deshalb haben wir sie in 2 Bände, den 6. und 7. unserer Ausgabe, verteilt, die nun beide zugleich erscheinen.

Die Quellen, aus denen wir den Inhalt dieser beiden Bände schöpften, sind:

1. Achtzehn Choralvorspiele in der Königl. Bibliothek zu Berlin. (Manuscript. autograph. B. 4. in folio.) Sechzehn sind von der Hand J. S. Bachs selbst geschrieben, und zwei von der Hand Altnikols, seines Schwiegersohnes. Die achtzehnte und letzte Nummer enthält die schon im fünften Band benutzten kanonischen Veränderungen über das Weihnachtslied: Vom Himmel hoch da komm ich her.
2. *Dritter Theil der Clavier-Übung, bestehend in verschiedenen Vorspielen über die Catechismus- und andere Gesänge vor die Orgel. Denen Liebhabern und besonders denen Kennern von dergleichen Arbeit, zur Gemüths Ergezung verfertigt von Johann Sebastian Bach, Königl. Pohlnischen, und Churfürstl. Sächs. Hof-Compositeur, Capellmeister, und Directore Chori Musici in Leipzig. In Verlegung des Authoris.*
3. *Sechs Chorale von verschiedener Art auf einer Orgel mit 2 Clavieren und Pedal vorzuspielen, verfertigt von Johann Sebastian Bach, Königl. Pohln. und Churf. Sächs. Hof-Compositeur, Capellm. und Direct. Mus. Lips. In Verlegung Joh. Georg Schüblers zu Zella am Thüringer Walde.*
4. Einzelne Abschriften aus mehreren Privat-Sammlungen, deren Benutzung uns freundlich gestattet war.

Mit dem Autograph unter Nr. 1 hat Herr Ferd. Roitzsch unsere Abschriften in Berlin selbst sorgfältig verglichen.

Nr. 2 und 3 sind Originalausgaben aus Forkels Nachlaß und jetzt in meinem Besitz. — Die sechs Choräle hat J. S. Bach in diesem Exemplar mit eigener Hand durchkorrigiert und zuweilen Hände, Stimmen und Klaviere zum praktischen Gebrauch beigeschrieben.

In vorliegendem sechsten Bande befinden sich

1) Aus dem Autograph:

Nr. 7 Allein Gott in der Höh sei Ehr! *Trio A dur*

Hierzu die Variante nach dem Autograph im Besitz des Herrn Dr. C. Schiller in Braunschweig. Mit diesem Autograph stimmen zwei Abschriften, eine aus dem Nachlaß von Krebs im Besitz des Herrn Hoforganisten Reichardt, und eine andere von Penzel vom Jahre 1753 ziemlich genau überein. Eigentlich stellen sich drei verschiedene Bearbeitungen des Meisters von diesem *Trio* deutlich heraus, doch weicht die dritte von den beiden anderen nur wenig ab.

Nr. 8 Dieselbe Melodie *G dur*

Hierzu eine Variante nach zwei gleichlautenden Abschriften aus dem Nachlaß von Krebs bei Reichardt.

Aus dem Worte „*Andante*" nach dem kurzen *Adagio* kann man entnehmen, in welcher Bewegung dieses Choralvorspiel etwa vorgetragen werden muß. Überhaupt geht man bei ähnlichen Arbeiten mit einer Choralmelodie am sichersten, wenn man das Tempo ungefähr so nimmt, wie der Choral gesungen zu werden pflegt. Die Ausnahmen von dieser Regel erkennt man leicht.

Nr. 9 Dieselbe Melodie *A dur*

Die Verzierungen in diesem Stück sind genau nach dem Autograph gestochen. Die Bedeutung derselben kann man aus dem eigenhändigen Klavierbüchlein von J. S. Bach für seinen ältesten Sohn, W. Friedemann Bach, ersehen, in dem sie angedeutet sind. Etwa so:

Nr. 12[b] An Wasserflüssen Babylon

Die erste Bearbeitung unter Nr. 12[a] befindet sich nicht mit unter den Autographen.

Hierzu eine Variante aus dem Nachlaß von Krebs bei Reichardt, wonach dies Vorspiel sehr verbessert erscheint. In dem Buch aus dem Nachlaß von Krebs sind beide durch folgende Überschriften unterschieden: *Vers 1, a 5 con 2 Clav. e dopp.*

*Ped. Vers 2, alio modo a 4 con 2 Clav. e simp. Ped.* — Beide haben große Ähnlichkeit miteinander und sind deshalb unter eine Nummer gebracht.

Nr. 27 Herr Jesu Christ, dich zu uns wend *Trio*
Hierzu zwei Varianten. Die erste befindet sich in Gleichaufs (Schelbles) Sammlung und bei Hauser. Sie ist ein Bruchstück des großen *Trios* nach dem Autograph im Text. Die zweite ist aus dem Nachlaß von Krebs und der Handschriften-Sammlung von Dehn.

Nr. 31 Jesus Christus, unser Heiland
Hierzu die Variante nach den Abschriften bei C. F. Becker und Reichardt. Sie liefert den Beweis dafür, daß J. S. Bach seine eigenen Werke sorgfältig verbesserte.

Nr. 32 Dieselbe Melodie *Alio modo*
Diese Bearbeitung steht in derselben Autographen-Sammlung, doch ist sie nicht von J. S. Bach, sondern von dessen Schwiegersohne Altnikol sehr sorgfältig geschrieben.

2) Aus dem dritten Teil der Klavierübung

Nr. 5 Allein Gott in der Höh sei Ehr *F dur*

Nr. 6 Dieselbe Melodie *G dur*
Hierzu eine interessante Variante aus der Sammlung von Schelble, mitgeteilt von Gleichauf.

Nr. 10 Dieselbe Melodie Fughetta *A dur*

Nr. 13 Aus tiefer Not schrei ich zu dir Sechsstimmig

Nr. 14 Dieselbe Melodie *Manualiter*

Nr. 17 Christ, unser Herr, zum Jordan kam

Nr. 18 Dieselbe Melodie *Manualiter*

Nr. 19 Dies sind die heilgen zehn Gebot

Nr. 20 Dieselbe Melodie *Fughetta*

Nr. 30 Jesus Christus, unser Heiland

Nr. 33 Dieselbe Melodie *Fuga*
Die wenigen Stichfehler in der Originalausgabe sind hier verbessert, überhaupt steht der Inhalt des dritten Teiles der Klavierübung in dieser unsrer Ausgabe nun wohl fehlerlos da.

3) Aus den sechs Chorälen

Nr. 2 Ach bleib bei uns, Herr Jesu Christ

4) Nach einzelnen Abschriften aus Privat-Sammlungen

Nr. 1 *) Ach Gott und Herr
Aus den Sammlungen von Oley und Gleichauf

Nr. 3 Allein Gott in der Höh sei Ehr Zweistimmig *G dur*
Nach einer Abschrift von Schelble, durch Gleichauf mitgeteilt.

Nr. 4 Dieselbe Melodie Dreistimmig für das Manual *G dur*
Nach einer fehlerlosen Abschrift aus dem Nachlasse von Krebs bei Reichardt

Nr. 11 Dieselbe Melodie *Fuga G dur*
Aus der Sammlung von Oley bei Herrn Hauser

Nr. 12a An Wasserflüssen Babylon
Aus dem Nachlaß von Krebs bei Reichardt

Nr. 15 Christ lag in Todesbanden *E moll*
Nach zwei Abschriften aus meiner Sammlung und einer aus der Königl. Bibliothek in Berlin. Alle drei enthalten kleine Schreibfehler, doch nicht an denselben Stellen, so daß die Herstellung leicht war.

Nr. 16 Dieselbe Melodie *Fantasia Cantus firmus* im Alt
Aus Hausers Sammlung
Hierzu die Variante aus Gleichaufs (Schelbles) Sammlung, in welcher der *cantus firmus* dem Pedal zuerteilt ist und sonst noch einige Abweichungen vorkommen. Ob diese Einrichtung von J. S. Bach selbst herrührt, darf bezweifelt werden.

Nr. 21 Durch Adams Fall ist ganz verderbt
Nach zwei Abschriften bei Oley und Organist Müller in Magdeburg

Nr. 22 Ein feste Burg ist unser Gott
Aus dem Nachlaß von Krebs bei Reichardt

Nr. 23 Gelobet seist du, Jesu Christ
Die Abschrift rührt vom Kantor Kegel her.

Nr. 24*) Gott der Vater wohn uns bei
Aus der Sammlung von Oley
Hierzu die Variante aus der Sammlung von Gleichauf. Mitgeteilt wird sie besonders der ersten fünf Takte wegen, welche indes wohl nicht von J. S. Bach selbst herrühren.

Nr. 25 Gottes Sohn ist kommen
Mitgeteilt von C. F. Becker

Nr. 26 Herr Gott, dich loben wir
Nach einer eigenhändigen Abschrift von Forkel aus meiner Sammlung

Nr. 28 Ich hab mein Sach Gott heimgestellt
Nach zwei Abschriften aus den Sammlungen von Oley und Gleichauf (Schelble)

Nr. 29 Jesu, meine Freude
Nach zwei Abschriften bei Hauser — in einer derselben fehlt der Anhang im $^3/_8$ Takt — und nach einer bei Oley, in der sich auch der Choral mit beziffertem Baß befindet.
Hierzu die Variante, oder vielmehr das Arrangement aus der Sammlung von Gleichauf (Schelble). Diese und die Variante zu „Christ lag in Todesbanden" mögen zeigen, wie man sich manche Choralvorspiele, die nur fürs Manual geschrieben sind, auch für Manual und Pedal einrichten kann, ohne der Meinung des Meisters ganz entgegen zu handeln.

Nr. 34 In dich hab ich gehoffet, Herr *Fughetta*
Nach drei Abschriften aus den Sammlungen von Gleichauf, Hauser und Oley

Die Fortsetzung folgt im siebenten Bande.

Braunschweig, im September 1847

F. C. Griepenkerl

*) Für Nr. 1 und 24 dieses Bandes wurde seither Johann Gottfried Walther als Verfasser ermittelt.

# VORBEMERKUNG ZU BAND VI UND VII

Die Bach'schen Choral-Vorspiele ⟨siehe Vorwort zu Bd. V dieser Ausg.⟩ sind uns teilweise in geordneten Sammlungen von des Meisters eigener Hand, teils nur in einzelnen Autographen und zeitgenössischen Abschriften überliefert. Das Orgelbüchlein ist seinem Inhalte nach im vorhergehenden Band ⟨V⟩ der Griepenkerl-Roitzsch-Ausgabe geboten worden. Samtliche noch verbleibende Vorspiele mit Ausnahme von einigen später aufgefundenen Stücken sind in den zwei folgenden Bänden ⟨Bd. VI und VII⟩ zusammengefaßt. Um auch hier dem Spieler ein Nachschlagen an verschiedenen Orten zu ersparen, wurden einheitlich die Choräle in ein Alphabet geordnet. Unberücksichtigt blieb dabei, ob es sich um Stücke handelte, die ursprünglich in Sammlungen aufgenommen waren, oder um solche, die einzeln überliefert sind.

Da die Ordnungen Bachs für seine liturgische Einstellung von bleibendem großen Interesse sind ⟨Näheres hierüber sagt Schweitzer im XIII. Kapitel seiner Bach-Biographie⟩, wird im folgenden angegeben, welche Choräle aus Band VI und VII zusammengefaßt waren in den ursprünglichen Sammlungen, der „Achtzehn großen Choräle", der „Sechs-Choräle" ⟨Schübler-Sammlung⟩ und des dritten Teiles der „Clavier-Uebung".

## ACHTZEHN CHORÄLE

| Choral Nr. im Autograph | I | II | III | IV | V | VI | VII | VIII | IX | X | XI | XII | XIII | XIV | XV | XVI | XVII | XVIII |
|---|---|---|---|---|---|---|---|---|---|---|---|---|---|---|---|---|---|---|
| Nr. in der vorliegenden Ausgabe (Band VI, Band VII) | 36 | 37 | 12 b | 49 | 27 | 48 | 43 | 56 | 45 | 46 | 47 | 9 | 8 | 7 | 31 | 32 | 35 | 58 |

## SECHS CHORÄLE

| Choral Nr. im Autograph | I | II | III | IV | V | VI |
|---|---|---|---|---|---|---|
| Nr. in der vorliegenden Ausgabe (Band VI, Band VII) | 57 | 63 | 5 | 42 | 2 | 38 |

## CLAVIERUEBUNG TEIL III

| Choral Nr. im Autograph | I | II | III | IV | V | VI | VII | VIII | IX | X | XI | XII | XIII | XIV | XV | XVI | XVII | XVIII | XIX | XX | XXI |
|---|---|---|---|---|---|---|---|---|---|---|---|---|---|---|---|---|---|---|---|---|---|
| Nr. in der vorliegenden Ausgabe (Band VI, Band VII) | 39 a | 39 b | 39 c | 40 a | 40 b | 40 c | 5 | 6 | 10 | 19 | 20 | 60 | 61 | 52 | 47 | 17 | 18 | 13 | 14 | 30 | 33 |

In der ursprünglichen Anordnung sind die Choralvorspiel-Sammlungen Bachs als Einzelbände in der Edition Peters unter folgenden Editions-Nummern erschienen: Orgelbüchlein . . . . . . . . . . . . . . . . . . . . . . . . . . . . . . . . . Ed.-Nr. 3946
Sechs Choräle ⟨Schübler-Sammlung⟩ und achtzehn Choräle . . . . . Ed.-Nr. 3947
Clavier-Uebung, Teil III . . . . . . . . . . . . . . . . . . . . . . . . . . . . . . Ed.-Nr. 3948

Februar 1928

KARL STRAUBE

# PREFACE TO THE VOLUMES VI AND VII

J. S. Bach's choral-preludes ⟨cf. preface to vol. V of this edition⟩ have been handed down to us partly in form of collections put up by the master's own hand, partly in single autographs and contemporary copies. The "Little Organ-Book", has been reproduced in accordance with the edition of Griepenkerl and Roitzsch in the preceding volume ⟨V⟩. All the preludes still left have been gathered up in the two following volumes ⟨vol. VI and VII⟩, with the only exception of some pieces, which have been discovered only recently. To save the player the trouble of looking up titles at different places, the chorals have been reproduced in alphabetic order here also. If a piece originally appertained to a collection or if it has come down to us as a single composition, has not been taken into account thereby.

But the order established by Bach himself being of a lasting and great interest with respect to his liturgical views and notions ⟨more detailed information about this question is to be found in the XIII^th chapter of Schweitzer's biography of J. S. Bach⟩, it has been specified hereafter, which chorals of the VI^th and VII^th volume were originally brought together in the collection of the "18 great chorals", which ones belonged to the "6 chorals" ⟨Collection Schübler⟩ and which ones form the third part of the Pianoforte-Practice.

## EIGHTEEN CHORALS

| Nr. of the choral in the autograph | I | II | III | IV | V | VI | VII | VIII | IX | X | XI | XII | XIII | XIV | XV | XVI | XVII | XVIII |
|---|---|---|---|---|---|---|---|---|---|---|---|---|---|---|---|---|---|---|
| Nr. in the present edition (vol. VI, vol. VII) | 36 | 37 | 12 b | 49 | 27 | 48 | 43 | 56 | 45 | 46 | 47 | 9 | 8 | 7 | 31 | 32 | 35 | 58 |

## SIX CHORALS

| Nr. of the choral in the autograph | I | II | III | IV | V | VI |
|---|---|---|---|---|---|---|
| Nr. in the present edition (vol. VI, vol. VII) | 57 | 63 | 59 | 42 | 2 | 38 |

## PIANOFORTE PRACTICE PART III

| Nr. of the choral in the autograph | I | II | III | IV | V | VI | VII | VIII | IX | X | XI | XII | XIII | XIV | XV | XVI | XVII | XVIII | XIX | XX | XXI |
|---|---|---|---|---|---|---|---|---|---|---|---|---|---|---|---|---|---|---|---|---|---|
| Nr. in the present edition (vol. VI, vol. VII) | 39 a | 39 b | 39 c | 40 a | 40 b | 40 c | 5 | 6 | 10 | 19 | 20 | 60 | 61 | 52 | 47 | 17 | 18 | 13 | 14 | 30 | 33 |

Bachs collections of choral-preludes have been published in their authentic order in Peters' Edition unter the following edition-numbers:

Orgelbüchlein ⟨Little Organ-Book⟩ . . . . . . . . . . . . . . . . . . Ed.-Nr. 3946
Six Chorals ⟨Collection Schübler⟩ and eighteen Chorals . . . . . . Ed.-Nr. 3947
Pianoforte-Practice, 3^rd part. . . . . . . . . . . . . . . . . . . . . Ed.-Nr. 3948

February 1928 — KARL STRAUBE

# PRÉFACES DES VOLUMES VI ET VII

Les préludes de cantiques de J. S. Bach ‹comp. la préface du vol. V de cette édition› nous ont été transmises moitié sous forme de collections dues au maître lui-même, moitié sous forme d'autographes détachés ou de copies contemporaines. Le «Petit Cahier d'orgue» a été reproduit suivant l'édition de Griepenkerl et Roitzsch dans le volume précédent ‹V›. Toutes les préludes qui nous restent encore ont été réunies dans les deux volumes suivants ‹vol. VI et vol. VII› cependant à l'exception de quelques pièces qu'on n'a trouvées que récemment. Pour épargner à celui qui se servira de ces livres la peine de les consulter à différents endroits, on a rangé tous les cantiques même ici d'après l'ordre alphabétique. On n'y a pas mentionné s'il s'agit de pièces qui faisaient partie d'une collection ou non.

Mais comme l'ordre primordial établi par Bach est d'un grand intérêt permanent pour tout le monde à cause de ses idées sur la liturgie ‹pour plus amples renseignements sur ce point consulter Schweitzer, Biographie de J. S. Bach, chap. XIII›, on a indiqué ci-dessous, quels cantiques des volumes VI et VII étaient jadis réunis dans la collection des 18 grands cantiques, quels autres cantiques dans la collection des Six Cantiques ‹Collection Schübler› et enfin quels cantiques constituent la troisième partie des «Exercices de piano».

## DIX-HUIT CANTIQUES

| No. de l'autographe | I | II | III | IV | V | VI | VII | VIII | IX | X | XI | XII | XIII | XIV | XV | XVI | XVII | XVIII |
|---|---|---|---|---|---|---|---|---|---|---|---|---|---|---|---|---|---|---|
| No. de l'édition présente ‹Vol. VI, Vol. VII› | 36 | 37 | 12b | 49 | 27 | 48 | 43 | 56 | 45 | 46 | 47 | 9 | 8 | 7 | 31 | 32 | 35 | 58 |

## SIX CANTIQUES

| No. de l'autographe | I | II | III | IV | V | VI |
|---|---|---|---|---|---|---|
| No. de l'édition présente ‹Vol. VI, Vol. VII› | 57 | 63 | 59 | 42 | 2 | 38 |

## EXERCICES DE PIANO, PARTIE III

| No. de l'autographe | I | II | III | IV | V | VI | VII | VIII | IX | X | XI | XII | XIII | XIV | XV | XVI | XVII | XVIII | XIX | XX | XXI |
|---|---|---|---|---|---|---|---|---|---|---|---|---|---|---|---|---|---|---|---|---|---|
| No. de l'édition présente ‹Vol. VI, Vol. VII› | 39a | 39b | 39c | 40a | 40b | 40c | 5 | 6 | 10 | 19 | 20 | 60 | 61 | 52 | 47 | 17 | 18 | 13 | 14 | 30 | 33 |

Les collections des préludes de cantiques de Bach présentant l'arrangement original ont paru dans l'Édition Peters sous les nombres d'édition suivants:

Petit Cahier d'orgue . . . . . . . . . . . . . . . . . . . . . . . . . . . . . . No. d'Éd. 3946
Six cantiques ‹Collection Schübler› et dix-huit cantiques. . . . . . . No. d'Éd. 3947
Exercices de piano, partie III . . . . . . . . . . . . . . . . . . . . . . . No. d'Éd. 3948

Février 1928

KARL STRAUBE

# INHALT

## Abteilung III: Größere und kunstreichere Choralvorspiele



## Anhang: Varianten zu Abteilung III

# Ach Gott und Herr

Johann Sebastian Bach (1685-1750)

Herausgegeben von Friedrich Conrad Griepenkerl und Ferdinand Roitzsch
Neu durchgesehen von Hermann Keller

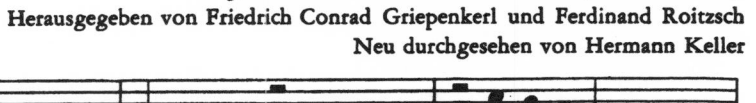

*) Nr. 1 und Nr. 24 der vorliegenden Ausgabe wurden ehemals J. S. Bach zugeschrieben, stammen jedoch von Johann Gottfried Walther (1684-1748).



Edition Peters 245

# Ach bleib bei uns, Herr Jesu Christ

**a 2 Clav. e Pedale**

2

Dal Segno

# Allein Gott in der Höh' sei Ehr'

Manualiter

3

# Allein Gott in der Höh' sei Ehr'

## Manualiter

4

3 1
2 1 3
tr

# Allein Gott in der Höh' sei Ehr'

5

Canto fermo in Alto (a 3 voci)

# Allein Gott in der Höh' sei Ehr'

a 2 Clav. e Pedale

6

# Trio super: Allein Gott in der Höh' sei Ehr'

a 2 Clav. e Pedale

7

# Allein Gott in der Höh' sei Ehr'

a 2 Clav. e Pedale

1.
2.

Adagio

# Allein Gott in der Höh' sei Ehr'

a 2 Clav. e Pedale

9

Canto fermo in Soprano

*Adagio*

tr
3
3
1.
2.

# Fughetta super: Allein Gott in der Höh' sei Ehr'

Manualiter

10

# Fuga super: Allein Gott in der Höh' sei Ehr'

11

Pedale

# An Wasserflüssen Babylon

## a 2 Clav. e Pedale doppio

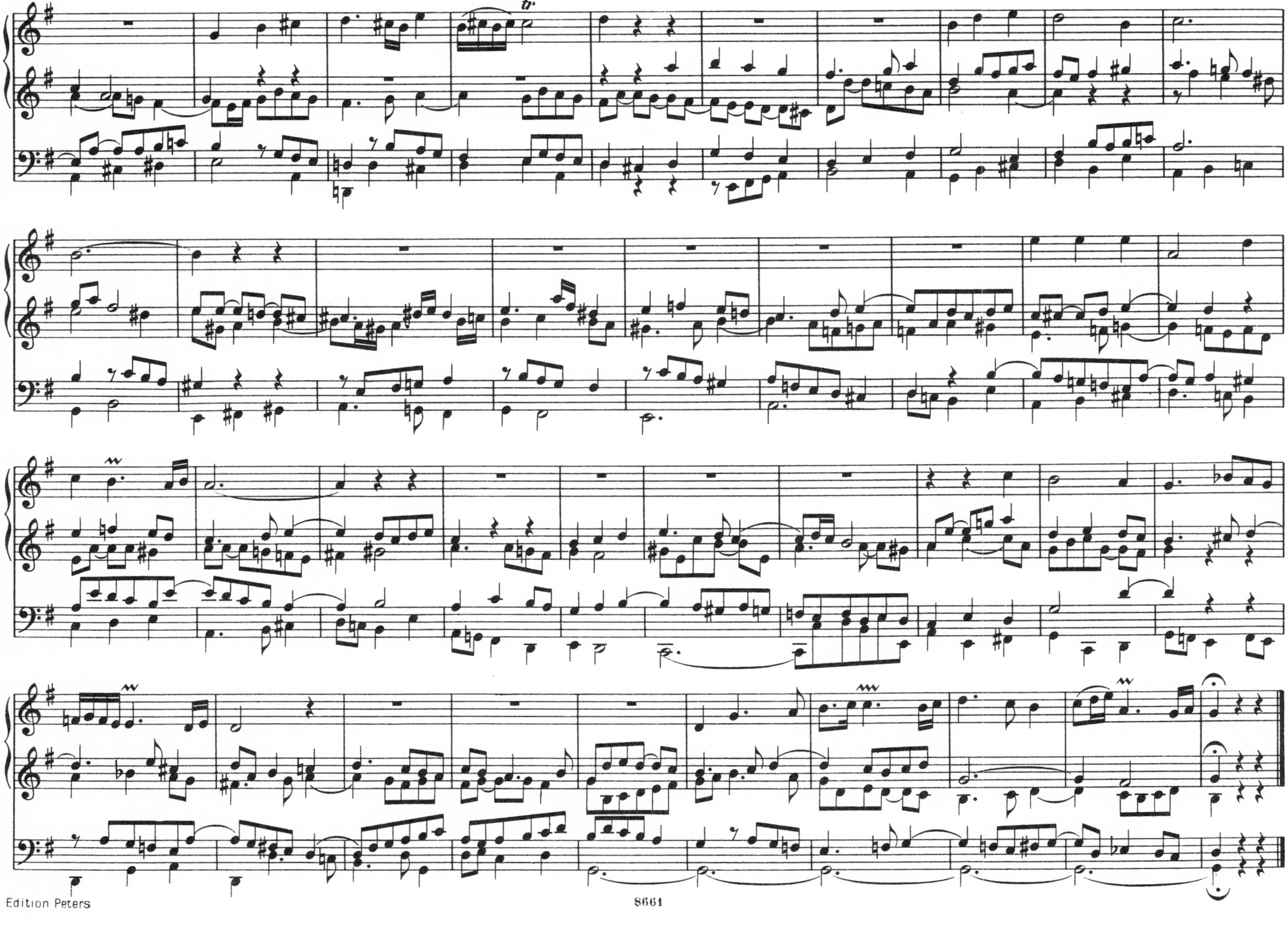
tr

# An Wasserflüssen Babylon

(Alio modo)

a 2 Clav. e Pedale

# Aus tiefer Not schrei' ich zu dir

## Pro Organo pleno (Manuale e Pedale doppio)

13

# Aus tiefer Not schrei' ich zu dir

(Alio modo)

**Manualiter**

14

# Christ lag in Todes Banden

a 2 Clav. e Pedale

15

forte
piano
forte
piano
forte
forte
piano
forte
piano
forte
piano
forte
forte
piano
forte

piano
forte
piano
forte
piano
forte
piano
Pedale

# Fantasia sopra: Christ lag in Todes Banden

## Manualiter

16

tr
tr
tr

Choral

# Christ, unser Herr, zum Jordan kam

a 2 Clav. e Pedale

17

1.
2.

## Christ, unser Herr, zum Jordan kam

(Alio modo)

**Manualiter**

18

# Dies sind die heil'gen zehn Gebot'

a 2 Clav. e Pedale

19

Canto fermo in Canone

# Fughetta super: Dies sind die heil'gen zehn Gebot'

**Manualiter**

20

# Fuga sopra: Durch Adams Fall ist ganz verderbt

tr
tr
tr

# Ein' feste Burg ist unser Gott

a 2 Clav. e Pedale

22

Oberwerk

# Gelobet seist du, Jesu Christ

# Gott der Vater wohn' uns bei

24*)

*) Nr. 24 (mit Variante, S. 106) wurde ehemals J. S. Bach zugeschrieben, stammt jedoch von Johann Gottfried Walther (1684-1748).

1.
2.
tr

# Gottes Sohn ist kommen

25

# Herr Gott, dich loben wir

(per omnes versus)

26

6 mal wiederholt.
Du König der Ehren_
Du sitz'st zur Rechten Gottes_

Nun hilf uns, Herr-
Lass uns im Himmel-
Hilf deinem Volk-

Wart' und pfleg'_
Täglich, Herr Gott_
Behüt' uns heut', o treuer_

Sei uns gnädig_
Zeig' uns deine_
Auf dich hoffen wir_

# Trio super: Herr Jesu Christ, dich zu uns wend'

a 2 Clav. e Pedale

27

# Ich hab' mein' Sach' Gott heimgestellt

Choral
Choral

Choral

Choral
Choral

# Fantasia sopra: Jesu, meine Freude

**Manualiter**

29

Choral
Choral

Choral
Choral
(*
*)
dolce

**Choral**

# Jesus Christus, unser Heiland, der von uns den Zorn Gottes wand

a 2 Clav. e Pedale

Canto fermo in Pedale

30

# Jesus Christus, unser Heiland, der von uns-

(sub Communione)

31

# Jesus Christus, unser Heiland, der von uns_

(alio modo)

32

Choral
Pedale

# Fuga super: Jesus Christus, unser Heiland

**Manualiter**

(a 4 voci)

33

# Fughetta super: In dich hab' ich gehoffet, Herr

**Manualiter**

34

Fine

# Varianten

## VARIANTE zu № 6 (Seite 12)

### Allein Gott in der Höh' sei Ehr'

# VARIANTE zu Nº 7 (Seite 17)

## Trio super: Allein Gott in der Höh' sei Ehr'

(Nach der Originalhandschrift)

# VARIANTE zu № 8 (Seite 22)
## Allein Gott in der Höh' sei Ehr'

a 2 Clav. e Pedale

1.
2.

Adagio
Andante

# VARIANTE zu Nº 12b (Seite 34)

## An Wasserflüssen Babylon

(alio modo a 4, con 2 Clav. e simpl. Ped.)

## VARIANTE zu Nº 16 (Seite 43)
### Christ lag in Todesbanden

# VARIANTE zu № 24 (Seite 62)

## Gott der Vater wohn' uns bei

## VARIANTE I zu Nº 27 (Seite 70)
### Herr Jesu Christ, dich zu uns wend'

# VARIANTE II zu Nº 27 (Seite 70)

## Trio super: Herr Jesu Christ, dich zu uns wend'

(a 2 Clav. e Ped.)

(Choral.)
(♮)

# VARIANTE zu No. 29 (Seite 78)

## Fantasia sopra: Jesu, meine Freude

Ped.
Pedal
dolce
Ped.
Ped.
Ped.

# VARIANTE zu Nº 31 (Seite 87)
## Jesus Christus, unser Heiland

In Organo pleno

Ped.
(~)
Ped.